PRINCIPES GÉNÉRAUX

DE

L'ORGANISATION ÉGALITAIRE

1° La propriété est communale et inaliénable ; toutes les communes sont solidaires.

2° Chaque commune est administrée par un Conseil communal élu, et a un magasin communal administré par ledit Conseil.

3° Chaque département est administré par un Conseil général qui règle les répartitions et le budjet du département, les échanges des produits agricoles et industriels, surveille les établissements d'éducation, ordonne et dirige les travaux d'utilité publique. Chaque chef-lieu de département a un magasin général, qui est le dépôt des produits de l'industrie et l'excédant des produits agricoles du département. Il est administré par une commission du Conseil général. Des succursales peuvent exister dans les principales villes du département. Le Conseil général coordonne toutes les statistiques de son département et en adresse un résumé au grand Conseil.

4° L'Etat a pour centre de direction et d'administration, le grand Conseil, qui est le pouvoir exécutif pour toutes les questions d'intérèt général.

Il est formé de six bureaux :

1er bureau : des échanges générales ; 2e bureau : d'émission des bons d'échange et de statistique ; 3e bureau : de l'instruction publique et scientifique ; 4e bureau : des travaux d'utilité générale ; 5e bureau : des dépenses générales ; 6e bureau : de la défense et de la sûreté de l'Etat.

5° Toutes les fonctions sont électives, sauf celles de l'enseignement, qui sont nomméespar le grand Conseil.

6° Le pouvoir législatif appartient à lanation ; chaque citoyen peut en prendre l'initiative et faire appel à un plébiscite, si son projet réunit, sur des listes d'adhésion, la majorité des suffrages.

7° L'instruction est obligatoire de sept à quinze ans ; la jeunesse est élevée dans les écoles de l'Etat. Passé cet âge, pour les hautes sciences, les élèves seront choisis au concours.

8° La somme d'émissions des bons d'échange sera calculée d'après la valeur totale de la production actuelle de la France. Ils seront astreints, comme valeur nominale, au franc et à ses multiples.

9° Sur l'émission totale des bons, le grand Conseil prélève la somme nécessaire aux budjets de l'Etat ; le reste est répartie entre tous les départements, en raison de la population. Les budjets départementaux sont votés par le département, les budjets communaux par la commune ; le prélèvement en est fait comme pour celui de l'Etat.

10° La répartition des bons d'échange est égale pour tous les membres des communes ; elle se fait proportionnellement au nombre de jours de travail pour les travaux manuels, ou de la durée des fonctions pour les autres emplois.

SOCIÉTÉ ÉGALITAIRE ET FRATERNELLE

LES UNITAIRES

RÈGLEMENT

TITRE PREMIER

Base organique

ARTICLE PREMIER. L'égalité est le principe fondamental de la Société ; car là où il y a inégalité, c'est le plus fort qui anéanti ou opprime le plus faible, en conséquence, tous les hommes faisant parti de l'Association sont égaux devant le Règlement, n'importe le pays auquel ils appartiennent ou la profession qu'ils exercent.

ART. 2. Les moyens à employer pour arriver au but final que se propose la Société, seront tour à tour et selon les circonstances, la création d'ateliers sociaux, l'achat de fermes agricoles, la grève par profession ou l'interdit contre un ou plusieurs ateliers, selon les décrets ou ordonnances du grand Conseil.

ART. 3. La Société est constituée par circonscriptions et par sections. Elle a un centre d'administration unique, dont le siége est à Paris ; la direction en est confiée au grand Conseil, qui est le pouvoir exécutif de la Société.

ART. 4. Les circonscriptions porteront le nom de la ville qui réunira le plus grand nombre d'adhérents. Chaque circonscription est administrée par un Conseil général qui a le pouvoir exécutif que lui confère le Règlement dans l'étendue de son ressort.

Toutes ses décisions, pour avoir force de loi, doivent être ratifiées par le grand Conseil.

Art. 5. Les sections seront formées indifféremment d'adhérents de la même profession ou de professions diverses ; elles sont administrées par un conseil de sections.

Chaque section ne devra pas comporter, comme nombre, plus de deux cents sociétaires.

Art. 6. Le pouvoir législatif appartient à tous les sociétaires ; tout membre peut en prendre l'initiative et faire appel à un vote dans sa section. Si le projet est d'intérêt général et réunit la majorité des suffrages, le Conseil de section en rédigera un rapport auquel sera joint le nombre de voix, pour et contre, et l'adressera au grand Conseil, qui en avisera toutes les sections pour qu'elles aient à se prononcer. Chaque section adressera ensuite le nombre de voix, pour et contre, au grand Conseil qui, après avoir fait l'addition des votes, prononcera, conformément à la volonté de la majorité ; il en sera de même pour les jugements, discussions et contestations importantes.

Art. 7. Les articles du Règlement ne peuvent être mis en question ou abrogés que tous les deux ans, si toutefois les deux tiers des sociétaires l'exigent ; mais jamais, et dans aucun cas, il ne devra être dérogé au principe fondamental de la Société, qui est une et indivisible.

TITRE II

Conditions d'admission

Art. 8. Tous les hommes, sans distinction de nationalité ou de profession, peuvent faire partie de la Société s'ils n'ont pas dépassé l'âge de quarante ans.

Les femmes et filles des sociétaires sont également admises ; elles participent aux avantages de la Société, mais n'ont pas voix délibérative.

Art. 9. Peuvent également faire partie de la Société, les hommes au-dessus de quarante ans ; mais dans ce cas, ils ne prendront pas inscription sur les registres pour faire partie des ateliers, fermes ou magasins de l'Association.

TITRE III

Réceptions

Art. 10. La réception des adhérents aura lieu dans l'Assemblée mensuelle qui suivra leur inscription ; l'on procèdera à l'admission par assis et levé ou au scrutin, si la majorité paraissait douteuse. Dans le cas où un candidat ne serait pas admis, il lui serait fait remise de la somme qu'il aurait consigné à la Société.

TITRE IV

Assemblées

Art. 11. Les Assemblées de sections auront lieu régulièrement le 1er dimanche de chaque mois, au siége social. Quel que soit le nombre des sociétaires présents, l'Assemblée pourra délibérer.

Art. 12. Dans le cas où une Assemblée extraordinaire serait jugée nécessaire, les sociétaires seront convoqués à domicile par les Conseils de section.

TITRE V

Devoirs et obligations

Art. 13. Tous les adhérents s'engagent, sous serment, à suivre et à exécuter fidèlement les règlements et ordonnances de l'Association, à concourir de tous leurs pouvoirs à son extension et au triomphe de ses principes et à pratiquer entre eux les principes de la fraternité, en se portant aide et secours dans toutes les circonstances.

Art. 14. Tous les membres de l'Association contractent l'obligation de se fournir de tous les objets qui leur seront nécessaires dans les magasins généraux, fermes ou ateliers de la Société, en tant que la production pourra y pourvoir ; tous les produits leur seront délivrés contre remboursement en numéraire, au prix de revient.

ART. 15. Pour resserrer davantage les liens qui unissent les sociétaires entre eux, dans les cas où la production des ateliers, fermes ou magasins de l'Association serait insuffisante pour satisfaire à la demande, les sociétaires devront, de préférence, se fournir dans les ateliers, fermes ou magasins des membres de la Société. Un registre spécial sera affecté pour recevoir les noms et adresses de chacun d'eux, et restera en permanence au bureau de chaque section.

ART. 16. Les sociétaires bénéficiant de l'article précédent s'engagent aussi, de préférence à tout autre, à n'employer dans leurs ateliers, fermes ou magasins, que des membres de la Société. Un registre spécial sera affecté à recevoir les demandes et restera en permanence au bureau de chaque section.

ART. 17. La formation des communes sociétaires s'opère selon le rôle d'inscription sur les registres ; en conséquence, les sociétaires appelés par leur rang d'inscription à faire partie des ateliers, fermes ou magasins généraux de l'Association, deviennent dès lors membres de la commune active et sont astreints, dès leur entrée, à en pratiquer les principes.

ART. 18. Il est facultatif à tout sociétaire de céder son rang d'inscription à un autre, en avertissant le Conseil de sa section qu'il désire ne pas faire partie de la commune active ; dans ce cas, c'est le numéro suivant qui prend son rang d'inscription. Il en est de même de ceux qui, faisant partie de la commune, désireraient rentrer dans les sections.

Dans ces deux cas, ils reprennent rang d'inscription et conservent le droit d'être les premiers admis dans les nouvelles créations de la Société.

ART. 19. Pour faciliter l'application des principes fraternels, les sociétaires doivent, autant que possible, se réunir par groupes, pour habiter les mêmes maisons et travailler dans les mêmes ateliers.

TITRE VI

Caisse de secours

Art. 20. Une caisse de secours, formée des dons volontaires de chaque sociétaire, sera établie dans chaque section ; les fonds provenant de cette caisse appartiendront à chaque section et seront gérés par elle.

Art. 21. Les fonds seront employés à soulager les sociétaires dans le besoin ; dans le cas d'insuffisance de la caisse, il sera ouvert des listes de souscription. Ces listes resteront affichées au siége social de chaque section, jusqu'à l'Assemblée mensuelle, qui décidera de la répartition des sommes versées.

Art. 22. Les dons et souscriptions seront inscrits sur un registre spécial avec les noms des souscripteurs. Le registre sera vérifié à chaque Assemblée, ainsi que la caisse, et la somme portée sur le procès-verbal.

TITRE VII

Sociétaires éloignés

Art. 23. Les sociétaires éloignés ou changeant de résidence, conservent leur rang d'inscription et continuent à bénéficier des avantages de la Société, en faisant parvenir leur cotisation à la section dont ils font partie.

Art. 24. Dans les villes où il y aura une section d'établie, les sociétaires y arrivant, tout en conservant leur rang d'inscription, seront de droit membre de ladite section et pourront participer à la caisse de secours de la Société et à la caisse de secours mutuels pour la maladie, s'ils y ont adhéré.

TITRE VIII

Caisse centrale

Art. 25. La caisse centrale, destinée à la création d'ateliers ou magasins et à l'achat de fermes agricoles, s'alimente au moyen des cotisations mensuelles des sociétaires, des sections et des communes, du droit d'entrée de chaque adhérent, des dons volontaires faits par les sociétaires et des bénéfices réalisés sur les ventes ou travaux faits par les ateliers, fermes ou magasins de la Société.

Art. 26. Le droit d'entrée, pour chaque adhérent, est de deux francs, payables au moment de l'inscription. Les cotisations mensuelles sont fixées à un franc pour chaque sociétaire ; les versements s'effectueront au siége social de chaque section, le 1er dimanche de chaque mois.

Art. 27. Chaque section sera tenue, dans la semaine qni suivra l'Assemblée, de faire parvenir les fonds perçus dans son ressort au grand Conseil, qui en a seul la gérance.

Art. 28. Les sections ne conserveront en caisse que les sommes nécessaires aux frais de bureau ; les caisses de secours étant à part de la caisse centrale, appartiennent à chaque section et sont gérées par les conseils de sections.

Art. 29. Tous les trois mois, le grand Conseil procèdera à l'apuration des comptes et rédigera un rapport sur la situation financière de l'Association. Ce rapport sera lu et contrôlé en Assemblée générale ; un exemplaire en sera adressé à chaque section.

Art. 30. Les fonds restant en caisse seront affectés à la création d'ateliers ou magasins et à l'achat de fermes agricoles. Les deux tiers des recettes de chaque trimestre seront employés à de nouvelles créations ou à donner de l'extension à celles déjà existantes. Le degré d'urgence du mode d'emploi sera jugé en Assemblée générale, à la majorité des suffrages, sur la proposition du grand Conseil.

Art. 31. Le tiers des sommes restant formera la caisse de réserve de la Société ; elle est destinée aux dépenses imprévues et à la création de maisons de retraite pour les invalides de la commune.

Art. 32. Autant que faire se pourra, le mode de création devra toujours alterner à chaque trimestre, à commencer par les ateliers d'habillement, de consommation, de construction et d'agriculture.

Art. 33. Tous les achats et toutes les opérations sont

au nom collectif de la Société *les Unitaires;* la propriété étant à l'Association, dans aucun cas une section ne pourra s'en détacher, ni réclamer son apport.

TITRE IX

Organisation des Ateliers

ART. 34. Le personnel des ateliers se recrutera comme il est dit à l'article 17. Il ne pourra être dérogé à cette règle que pour les administrateurs ou chefs d'atelier.

ART. 35. L'administration de chaque atelier ou ferme agricole sera confiée à un directeur ou chef d'atelier, auquel sera adjoint un conseil d'administration composé de cinq membres ; ce chiffre pourra être élevé en raison de l'importance de l'exploitation.

ART. 36. La nomination aux emplois de directeur et de membre du Conseil d'administration, appartient aux sectiosn!de la circonscription où les ateliers seront établis. Ils seront nommés au scrutin et à la majorité des suffrages ; la durée de leurs fonctions est de six mois ; ils peuvent être réélus ou révoqués.

ART. 37. Chaque mois, le Conseil d'administration de chaque atelier adressera au Conseil général de sa circonscription un rapport détaillé sur les opérations de l'atelier ; dans ce rapport, devront être relatés le nombre des journées de travail, et celui des bons d'échange distribués à chaque sociétaire ; la nature et le chiffre des travaux ouvrés déposés dans le magasin général, celui fait en dehors de l'Association, ainsi que le chiffre des matières premières ou autres, prises dans le magasin général.

ART. 38. La rétribution pour les sociétaires travaillant dans les ateliers est égale pour toutes les professions, toutes étant d'une commune utilité. Le chiffre en sera fixé, pour chaque circonscription, au maximum du prix actuel qui y existe ; il en sera de même pour les ateliers de femmes, le chiffre de rétribution sera le maximum du prix qui leur est alloué actuellement. Cet article sera modifié au fur et à mesure de l'extension de la Société, le seule fin d'arriver au principe égalitaire UN, qui est à but final de la Société.

Art. 39. Il sera délivré, pour chaque journée de travail, à tous les sociétaires faisant partie de la commune, des bons d'échange qui en représenteront la valeur ; ces bons sont échangeables contre toute espèce de produits dans les magasins généraux. Le tiers des bons reçus par chaque sociétaire pourra être converti en numéraire à la caisse sociale de la circonscription.

La distribution des bons se fera chaque semaine.

TITRE X

Bons d'échange

Art. 40. Les bons d'échange sont émis chaque année par le grand Conseil ; le chiffre d'émission sera calculé d'après le nombre des sociétaires faisant partie de la commune ; ils seront numérotés et imprimés sur des livres à souche et seront expédiés, chaque année, à toutes les circonscriptions, en raison du nombre de leur personnel.

Art. 41. Les bons d'échange seront détachés par le Conseil général de la circonscription et distribuées, au fur et à mesure selon le besoin. Le livre à souche restera au magasin général, qui recollera les bons sur une feuille correspondant à leur souche, au fur et à mesure qu'ils seront échangés.

TITRE XI

Magasins généraux

Art. 42. Les magasins généraux sont les entrepôts de tous les produits de la circonscription et des matières premières qui sont nécessaires au fonctionnement des ateliers. Ils sont sous la surveillance spéciale des Conseils généraux de chaque circonscription et sont administrés par une commission nommée par ledit Conseil et prise dans son sein.

Art. 43. Chaque commission comporte un secrétaire, un trésorier ; les préposés à la réception des produits et ceux à la vente et à l'échange ; tous les produits seront cotés par série au fur et à mesure de leur arrivée, à leur prix de revient, et seront inscrits sur les registres des préposés à la réception. Les préposés à la vente et à l'échange auront chacun un registre où sera mentionnée la nature et la valeur des produits vendus ou échangés, ainsi que le numéro d'ordre de la série.

ART. 44. Le trésorier inscrira sur ses registres les sommes reçues en numéraire et le chiffre des bons échangés ; le secrétaire coordonnera toutes les écritures et sera chargé de la rédaction du bulletin trimestriel ; tous les registres seront vérifiés chaque semaine par le Conseil général.

ART. 45. Les membres formant la Commission des magasins généraux, s'ils sont pris parmi les délégués de section, seront considérés, pendant toute la durée de leurs fonctions, comme faisant partie de la commune active et recevront la même rétribution.

TITTRE XII

Grève

ART. 46. La grève étant un des moyens d'action pour arriver au but final que se propose la Société, lorsque le grand Conseil en aura reconnu l'urgence, il fera un appel général à toutes les sections qui voteront pour l'adoption ou le rejet de la proposition. Si la proposition formulée est admise, l'application de l'article 29 sera suspendue et toutes les sommes qui y sont affectées seront employées à soutenir la grève.

ART. 47. Dans le cas d'interdit contre un ou plusieurs ateliers, l'article 29 restera en vigueur ; mais s'il était nécessaire, une partie des sommes y affectées pourront être employées selon ce qui sera jugé nécessaire.

ART. 48. Lorsqu'une grève ou interdit aura été décrété, tous les sociétaires de la profession ou de l'atelier qui sera en question, seront tenus de se soumettre aux décisions qui seront prises ; tout contrevenant recevra un premier avertissement ; s'il persiste, il sera exclu.

TITRE XIII

Mise en accusation et jugement

ART. 49. Tout sociétaire travaillant dans les ateliers de l'Association ou employé dans les magasins généraux et qui, sciemment, aurait cherché à nuire aux intérêts de la Société, sera mis en accusation par l'atelier dont il fait parti et cité devant le Conseil général, qui pourra prononcer la suspension limitée. L'acte de demande de mise en accusation devra être signé du directeur et du Conseil d'administration.

ART. 50. Tout sociétaire qui devra plus de quatre cotisations, sera suspendu ; celui qui en devra plus de six, sera rayé ; on devra écrire au sociétaire avant de lui appliquer cette dernière rigueur.

ART. 51. Celui qui proposerait la dissolution ou la division de la Société, emploierait ou aurait employé des moyens pour arriver à ce but, serait, par ce fait prouvé, exclu de la Société.

ART. 52. Neuf membres de la Société peuvent demander au grand Conseil la mise en accusation d'un Conseil de section ou d'un Conseil général qui aurait violé le Règlement en ayant agi sciemment. Pour qu'il soit donné suite à la plainte, il faudra qu'elle soit signée par eux.

ART. 53. Tout sociétaire qui fera un faux rapport ou signera une mise en accusation injuste, contre qui que ce soit de la Société, sera passible de la peine qu'il voulait faire encourir.

ART. 54. Nul ne pourra être condamné sans avoir été jugé en Assemblée ordinaire ou extraordinaire ; il faudra toujours les deux tiers des voix, pour que le jugement soit prononcé.

ART. 55. Tout jugement prononcé par une section ou par un Conseil général, est sujet à appel devant le grand Conseil ; mais il devient exécutoire, si l'appel n'a pas été interjeté dans les dix jours qui suivront la signification.

ART. 56. La peine de l'exclusion ne sera appliquée que dans les cas portés par les articles 47, 49 et 50 ; dans tous les autres cas d'infraction au Règlement, la peine prononcée sera la suspension à temps, mais ne devra pas excéder, au maximum, la durée de six mois.

ART. 57. Le sociétaire suspendu continu à faire partie de la Société, il en supporte toutes les charges sans participer à aucun bénéfice, sauf pour le rang d'inscription, qui lui est maintenu, mais dont il ne peut faire usage qu'à l'expiration de sa peine. Il n'a pas voix délibérative et ne peut être élu à aucune fonction, tant que dure la suspension.

TITRE XIV

Constitution administrative

ART. 58. La constitution administrative de l'Association se compose du grand Conseil, des Conseils généraux de circonscriptions, des Conseils de sections et des Commissaires exécutifs.

TITRE XV

Commissaires exécutifs

ART. 59. Les commissaires exécutifs forment un corps spécial dans la Société. Ils sont chargés de faire exécuter les décrets et ordonnances, de veiller à leur bonne exécution et à la sûreté générale de l'Association. Ils sont tenus de déférer aux bureaux dont ils font partie et qu'ils peuvent convoquer à cet effet, ou au grand Conseil, tous les faits qui peuvent intéresser la sûreté, la discipline ou les intérêts de la Société. Ils sont partie poursuivante contre les inculpés, mais ils n'ont pas voix délibérative pour le prononcé du jugement. Sur l'invitation du Conseil de sections ou du grand Conseil, ils se transportent partout où les besoins de la Société l'exigent.

ART. 60. Les commissaires exécutifs attachés aux bureaux de sections sont nommés en Assemblée trimestrielle, à la majorité des suffrages, sur la présentation du Conseil de section. Chaque section nommera en même temps les commissaires délégués près des Conseils généraux et du grand Conseil.

Art. 61. Ils ont voix délibératives dans les réunions du Conseil, dont ils font partie, sauf le cas porté par l'article 59. La durée de leur fonction est de six mois, comme pour tous les autres emplois. Ils peuvent être réélus ou révoqués.

Art. 62. Les commissaires exécutifs ne seront rétribués que dans les cas où une mission spéciale les empêcheraient de vaquer à leurs travaux.

TITRE XVI

Conseils de sections

Art. 63. L'administration des sections est confiée à un Conseil composé de sept membres : un président, un secrétaire, un secrétaire-adjoint, un trésorier et trois commissaires.

Art. 64. Les membres du Conseil sont élus tous les six mois, à la majorité des suffrages, par tous les sociétaires de la section à l'Assemblée mensuelle des mois d'avril et d'octobre ; leurs fonctions durent six mois ; ils sont rééligibles, mais ne peuvent remplir leurs fonctions plus de deux années consécutives, ils ne peuvent être réélus que six mois après.

Art. 65. Pour être élu membre du Conseil, il faut être âgé d'au moins vingt et un ans, savoir lire et écrire et faire partie de la Société depuis au moins trois mois.

Art. 66. Dans les chefs-lieux de circonscription, lors des élections, il sera procédé à la nomination d'un délégué par section pour le Conseil général ; nul ne pourra être délégué au-dessous de l'âge de vingt et un ans et six mois de présence dans la Société.

Art. 67. Si un membre est élu pour deux fonctions, il devra indiquer laquelle il accepte et ne pourra en remplir aucune avant cette formalité.

Art. 68. Le président tient la police dans les Assemblées, pose les questions, résume les discussions, met les différentes propositions aux voix, accorde la parole à celui qui la demande, rappelle à l'ordre, à la question, celui qui s'en écarte. Il convoque les réunions extraordinaires quand il le juge à propos, avec le consentement de la majorité du Conseil ou sur la demande de neuf sociétaires, comme il est dit à l'article 51. Il requiert les commissaires dans les cas nécessaires et provoque toutes les mesures qui peuvent contribuer à la prospérité de la Société.

Art. 69. Le secrétaire est chargé de toutes les écritures de son bureau qui le concernent, des procès-verbaux de toutes les séances; il prend copie des lettres jugées utiles à la Société et contre-signe tous les écrits émanant de la Société; ses registres doivent être enfermés dans un tiroir du bureau dont il a la clef, le secrétaire-adjoint en aura un double.

Art. 70. Le trésorier est chargé de la comptabilité et possède la clef qui ferme le fonds social et son registre; il doit tenir un compte exact des recettes et des dépenses, il sera tenu de verser à la caisse, tous les quinze jours, les sommes qu'il aura reçues, en compte courant. Le trésorier est civilement responsable des irrégularités financières. Tous les membres du bureau seront tenus de verser immédiatement au trésorier toutes les sommes qu'ils auront reçues des candidats ou des sociétaires.

Art. 71 Les réunions du Conseil auront lieu le vendredi de chaque semaine au siége social. Tout sociétaire a le droit de s'y présenter pour les réclamations ou communications concernant la Société. Tout acte émanant du Conseil devra être signé au moins par la majorité des membres qui le composent et porter le cachet social.

Art. 72. La tenue des Assemblées se fera dans l'ordre suivant: au début de la séance il sera nommé deux sociétaires vérificateurs, afin qu'ils se rendent compte des versements pour les comparer avec ceux des membres du bureau, ils vérifieront les registres, sans exception, dans le courant de la semaine qui suivra l'Assemblée et seront tenus de les approuver, après quoi l'on procédera immédiatement à la réception des candidats inscrits pour faire partie de la Société.

Le président leur demandera s'ils ont pris connaissance du règlement et s'ils désirent faire partie de la Société; sur leur réponse affirmative, le président fera prêter à chacun d'eux le serment social ainsi conçu: « Je jure de « suivre et exécuter fidèlement les règlements et ordon-- « donnances de la Société, de concourir de tout mon pou- « voir à son extension et au triomphe de ces principes, « et de porter aide et secours à mes frères dans toutes

« les circonstances, » après quoi il les proclamera membres de la Société. Ensuite l'on procédera au versement des cotisations. Le secrétaire et le trésorier indiqueront, chacun sur son registre, ceux qui verseront; le président apposera le cachet de reçu de cotisation sur le livret de chaque sociétaire, puis l'on fera l'apurement des comptes et ensuite l'on donnera lecture du procès-verbal de la séance précédente, après quoi l'on passera à la nomination des membres du Conseil ou des délégués s'il y a lieu, puis à la lecture des correspondances, et en dernier lieu les réclamations et discussions diverses.

Art. 73. Chaque bureau de section aura six registres différents : registre A pour l'inscription des sociétaires indiquant leur position active ou passive dans la Société; registre B pour les dettes des sociétaires envers la Société; ces deux registres sont tenus par le président. Registre C pour les correspondances, procès-verbaux, décrets et ordonnances du grand Conseil; registre D pour les comptes détaillés des versements de chaque sociétaires; ces deux registres sont tenus par le secrétaire. Registre E pour les recettes et dépenses, registre F, double du registre D; ces deux registres sont tenus par le trésorier. Registre G pour l'adresse des sociétaires, registre H pour les exclus ou rayés; ces deux registres sont tenus par les commissaires exécutifs qui sont chargés en outre de la tenue des deux registres concernant les articles 15 et 16; ces registres doivent être tenus avec régularité, sans rature, surcharges ou interlignes.

Art. 74. Chaque mois, dans le courant de la semaine qui suivra l'Assemblée, le Conseil de section adressera au grand Conseil les sommes perçues dans son ressort; il ne conservera en caisse que la somme nécessaire aux frais du bureau ou aux institutions qui sont de son ressort.

TITRE VXII

Conseils généraux.

Art. 75. Il sera inst⋯ des c⋯eils généraux dans les chefs-lieux de circ⋯scription qui⋯ uniront au moins trois sections et ou l's⋯iation aura⋯ crété la création d'ateliers, fermes o⋯ magasins généra⋯.

Art. 75. Les Conseils généraux ont pour mission spéciale la surveillance et l'administration générale de leurs circonscriptions; ils jugent du mode de création et d'extension des ateliers, fermes ou magasins généraux; ils sont chargés de la répartition des bons d'échanges et de l'escompte des bons échangeables en numéraire. Les réunions du Conseil auront lieu au siége social le samedi de chaque semaine.

Art. 77. Les Conseils généraux seront formés de tous les conseils d'administration et de direction des ateliers, fermes ou magasins généraux, et des délégués des sections de la circonscription.

Art. 78. Chaque Conseil général nomme son bureau; les candidats seront pris indifféremment parmi les délégués ou les membres des Conseils d'administration.

Art. 79. Tous les trois mois, les Conseils généraux adresseront au grand Conseil un état statistique détaillé de leurs circonscriptions; dans ce rapport devra être relaté le chiffre des travaux exécutés pour l'Association, celui des travaux faits en dehors de l'Association, le nombre des journées de travail, les achats de matières premières ou autres, la somme des bons distribués ou échangés, celle convertie en numéraire, le nombre et la nature des marchandises disponibles dans les magasins généraux, ainsi que la somme des recettes en numéraire et celle restant en caisse.

Art. 80. Chaque Conseil général aura pour sa comptabilité onze registres différents, savoir : registres A pour l'inscription des membres de la commune indiquant leur emploi et la date de leur entrée; registre B pour les journées de travail et le compte détaillé de chaque sociétaire, ces deux registres sont tenus par le président; registre C pour les travaux faits pour la commune; registre D pour les travaux exécutés en dehors de la commune; registre E pour les achats de matières premières ou autres; registre F pour les produits échangés au magasin central, ces quatre registres sont tenus par le secrétaire; registre G pour les bons distribués; registre H pour les bons échangés en numéraire ou dans le magasin général; registre I pour les recettes en numéraire; ces trois registres sont tenus par le trésorier; registre J pour les produits disponibles dans le magasin général, registre K pour les bulletins trimestriels, ces deux registres sont tenus par les commissaires exécutifs.

ART. 81. Les Conseils généraux ne conserveront en caisse que les sommes nécessaires pour un trimestre, le reste sera envoyé avec le montant des cotisations de la commune à la caisse centrale dans le courant de la semaine qui suivra l'inventaire trimestriel.

TITRE XVIII

Grand Conseil.

ART. 82. Le grand Conseil est l'administration unique et la direction générale de la Société. Il n'a pouvoir sauf les cas d'urgence que, par le règlement ou la souveraineté des sociétaires.

ART. 83. Dans les cas d'urgence où les intérêts ou la sûreté de la Société se trouveraient compromis, le grand Conseil pourra prendre telle décision qui lui paraîtra nécessaire, sauf à en référer après à la Société.

ART. 84. Le grand Conseil sera formé des candidats élus par les sections et par les communes, parmi lesquels en assemblée de bureau il sera nommé un président, un vice-président, un secrétaire par circonscription, un secrétaire spécial attaché au bureau et un trésorier, les commissaires exécutifs seront dans la même proportion que pour les Conseils de section, tous ces membres doivent être âgés d'au moins vingt-cinq ans, et avoir un an de présence dans la Société. La durée de leurs fonctions est de six mois, ils peuvent être réélus et révoqués.

ART. 85. Les secrétaires auront à s'occuper chacun d'une inscription sur leur registre spécial, et en feront un résumé pour chaque trimestre. Le secrétaire spécial coordonnera tous ces résumés et dressera le bulletin général qui doit être envoyé à toutes les sections dans le courant du mois qui suit l'Assemblée trimestrielle.

ART. 86. Indépendamment des registres de circonscription tenus par les sociétaires, le grand Conseil aura huit principaux registres. Le n° 1 indiquera les noms, prénoms, âges et professions, ainsi que le numéro d'inscription des sociétaires faisant partie des ateliers, fermes ou magasin de la Société. Le n° 2 indiquera le lieu et la nature de fabrication de chaque atelier, ainsi que le personnel qui y sera attaché, ces deux registres sont tenus par le président : le n° 3 fera mention des produits et marchandises reçus ou disponibles dans les magasins généraux ; le n° 4 de celle qui aura été expédiée ; ces deux registres sont tenus par le vice-président ; le n° 5 fera mention de toutes les sommes versées à la caisse centrale et indiquera leurs provenances ; le n° 6 de celles affectées à la création des ateliers et aux différents achats faits pour l'Association ; le n° 7 fera mention des sommes restant en caisse, et devra être signé par le président, le vice-président, le trésorier et le secrétaire du bureau. Il sera déposé dans la caisse ; le n° 8 indiquera la somme des bons d'échange émis par le grand Conseil et celles expédiées à chaque circonscription, ces quatre registres seront tenus par le trésorier. Le secrétaire du bureau sera chargé des écritures du bureau et des archives.

Art. 87. Toutes les sommes formant le fonds social au fur et à mesure de leur arrivée seront placés en dépôt et contre récépissé à la Banque de France, au Crédit lyonnais ou autres établissements offrant des garanties sérieuses. Toutes les sommes placées devront être constamment à la disposition de la Société.

Par une convention spéciale avec les établissements ou les sommes auront été déposées, elles ne seront délivrées en tout ou en partie que sur la présentation des récépissés auxquels devra être joint un acte de la demande revêtu des signatures de la majorité du grand Conseil et timbré de son sceau. Les signataires devront en outre signer le registre de caisse de l'établissement.

Art. 88. La Caisse centrale aura quatre clefs tenus par le président, le vice-président, le trésorier et le secrétaire du bureau.

Art. 89. Le grand Conseil aura à la disposition des Conseils généraux et des Conseils de section, tous les registres prévus par le règlement et tous les imprimés selon les besoins de la Société. Ils seront délivrés aux dits Conseils qui ne pourront en prendre autre part contre remboursement.

Art. 90. Tous les registres des sections des communes

et du grand Conseil seront conservés, et formeront les archives de la Société.

Art. 91. La Société n'admet d'autre distinction honorifiques que l'inscription sur le grand livre de l'Association. Tous les sociétaires qui auront rendu des services signalés seront inscrits comme ayant bien mérité de l'Association.

Art. 92. Toutes les inventions ou découvertes, toutes les améliorations apportées dans l'industrie ou dans l'agriculture, tous les dons faits à l'Association seront également inscrits au grand livre avec le nom du donataire ou de l'inventeur, et seront mis à l'ordre du jour dans toutes les sections.

TITRE XIX

Bibliothèque.

Art. 93. Une bibliothèque pour l'instruction et la récréation des sociétaires sera établie dans chaque section, et sera confiée à un sociétaire nommé à cet effet. Les livres pourront être lus à la bibliothèque ou emportés à domicile par les sociétaires.

Art. 94. Chaque bibliothèque sera formée des ouvrages apportés à titre de dons par les sociétaires ou par souscription. Un registre sera affecté à chaque bibliothèque pour inscrire le titre de l'ouvrage et le nom du donataire, et servira en même temps de catalogue.

Art. 95. Des cours et conférences seront également faits dans chaque section par les sociétaires qui voudront en prendre l'initiative, mais le titre des cours et conférences ne devra jamais s'écarter du principe égalitaire qui est la base fondamentale de la Société.

TITRE XX

Caisse de secours en cas de maladie.

Art. 96. La Caisse de secours en cas de maladie est facultative, et ne deviendra obligatoire que lorsque la majorité des sociétaires de chaque section l'exigera. Chaque

Caisse appartient à chaque section, et est administrée par le Conseil de la section.

Art. 97. Pour faire partie de la Caisse de secours, il faut verser une cotisation supplémentaire de 1 fr. 50 c., soit 2 fr. 50 c. par mois, dont 1 fr. appartient à la Caisse centrale, et 1 fr. 50 à la Caisse de secours de la section.

Art. 98. Chaque section aura un médecin et un pharmacien spécialement attachés à la Caisse de secours. Le médecin reçoit les honoraires qui sont convenus entre lui et la Société, ils sont payables par trimestre; les médicaments étant à la charge de la Caisse, elle ne reconnaîtra que ceux qui auront été pris chez son pharmacien, qui devra les fournir à prix réduit, et d'après l'ordonnance du médecin de la Société; son compte sera aussi réglé tous les trimestres. Les bains ordonnés par le médecin seront considérés comme médicaments.

Art. 99. Pour avoir droit aux secours en cas de maladie, il faut que les sociétaires en préviennent ou fassent prévenir le président, ou à défaut, un des membres du Conseil.

Art. 100. Tout sociétaire malade, soit chez lui, soit à l'hôpital, aura droit à deux francs par jour pendant les quatre premiers mois de sa maladie; passé ce délai, il sera fait des souscriptions volontaires à son bénéfice.

Art. 101. Les malades secourus auront droit pendant la durée de leur maladie à tous les médicaments ordonnés par n'importe quel médecin.

Art. 102. Tout sociétaire qui n'habiterait pas une ville où siége la Société, n'aura droit à aucun médicament; il lui sera alloué 50 centimes de plus par jour que ne l'indique l'article 100.

Celui qui rentrerait à l'hôpital n'aura pas droit à cette augmentation.

Art. 103. Les malades recevront des secours à dater de la déclaration jusqu'au dernier jour de la maladie inclusivement. Pour les sociétaires n'habitant pas une ville où siége la Société, en cas de maladie l'empêchant d'écrire, un certificat du médecin légalisé par l'autorité du pays où il réside, tiendra lieu de déclaration.

Art. 104. Les maladies vénériennes où provenant de rixes volontaires, n'auront droit à aucun secours; néanmoins les malades pourront réclamer les soins du médecin de la Société.

ART. 105. Toute maladie n'emportant incapacité de travail, n'aura droit qu'aux soins du médecin et aux médicaments.

ART. 106. Toute maladie n'excédant pas trois jours est considérée comme indisposition et ne donne droit qu'aux médicaments.

ART. 107. Les malades recevront les secours au fur et à mesure, suivant leur demande, mais jamais par anticipation.

ART. 108. Aucun sociétaire n'aura droit aux secours s'il a omis de prévenir les membres du Conseil de sa maladie; il devra, lorsqu'il se sentira guéri, prévenir le Conseil et retirer le même jour un certificat du médecin; pour avoir droit aux médicaments, il devra se faire apposer le cachet du Conseil sur une feuille à ce destinée dès la déclaration de sa maladie.

ART. 109. Tout sociétaire malade trouvé en état d'ivresse ou hors de son domicile sans permission du médecin, sera privé de secours dès le jour où on l'aura trouvé en faute contre cet article.

ART. 110. Tout sociétaire malade qui changerait de domicile sans prévenir le Conseil, sera privé de secours à partir du jour où il aura quitté jusqu'au jour où il ferait parvenir son adresse.

ART. 111. Pour tout sociétaire malade, soit chez lui, soit à l'hôpital, il sera convoqué par un commissaire du Conseil, deux fois par semaine, deux visiteurs chaque fois qui devront rendre compte de leurs visites au Conseil.

ART. 112. Lorsque un sociétaire sera reconnu gravement malade, il lui sera accordé une garde malade et il sera visité chaque jour par deux sociétaires.

ART. 113. Tout sociétaire qui durant sa maladie aurait reçu les secours de la Société, sera tenu d'avertir le Conseil le jour où il sera en état de reprendre son travail; s'il laissait ignorer ou s'il continuait abusivement à recevoir des secours, il sera forcé de remettre les sommes perçues illégalement et en outre suspendu pendant deux mois; ceux qui les auraient favorisés seraient passible de la même peine.

ART. 114. Tout sociétaire éloigné qui tombe malade devra prévenir le plus proche Conseil de section et y envoyer son livret avec le certificat du médecin qui lui donne ses soins, légalisé par les autorités de l'endroit où il se trouve.

TITRE XXI

Décès.

ART. 115. Aussitôt qu'un sociétaire sera décédé, sa section respective préviendra les autres sections qui sont dans la ville.

ART. 116. Lors du décès d'un sociétaire, chaque membre de la Société recevra une lettre de convocation avec un cachet dedans de sa section respective pour assister au convoi ou au service funèbre, si telle a été la volonté du décédé.

ART. 117. Pour le décès d'un sociétaire, la réunion sera convoquée au domicile du défunt. Pour constater sa présence, chaque sociétaire remettra au président de sa section le cachet qu'il aura reçu à cet effet. A la sortie du cimetière chaque sociétaire remettra également la lettre de convocation au président; toute infraction à cet article entraînera un mois de suspension.

ART. 118. Au convoi d'un sociétaire le président est chargé de maintenir l'ordre pendant toute la durée de la cérémonie.

ART. 119. Pour les funérailles d'un sociétaire la caisse de secours paie les frais indispensables prescrits pour la localité, y compris la tombe, tout autre frais accessoires ne pourront être pris sur la caisse.

ART. 120. Au décès d'un sociétaire, s'il est marié, ce qui lui reviendrait des journées de maladie sera remis à sa veuve, et s'il est célibataire les fonds resteront à la caisse.

ART. 121. Pour tout les articles du règlement la réclamation d'un sociétaire suffit les rendre exécutoire; pour toutes les choses i révues n aura recours au scrutin.

TABLE DES MATIÈRES

Paris. — Association générale typographique, faubourg St-Denis, 19.
88   Berthelemy et Comp.

Le présent Règlement délivré à ____________

____

âgé de ________________________________

profession de __________________________

inscrit sous le n° _______________________

A __________ *le* ______________ *187* ____

Le Président, ___________________________

Le Secrétaire, __________________________

Le Secrétaire-adjoint, ____________________

Les Trésoriers, __________________________

____

Les Commissaires exécutifs. ________________

____

(Signature du Sociétaire)

Nommé le ____

à ________________ le ________________ 187 ___

remercié le ____

ayant rempli ses fonctions avec honneur et probité.

Le Président, ____

Le Secrétaire, ____

Le Secrétaire-adjoint, ________________________________

Le Trésorier, ____

Les Commissaires exécutifs, ____________________________

____

Nommé le ____

a ________________ le ________________ 187 ___

remercié le ____

ayant rempli ses fonctions avec honneur et probité.

Le Président, ____

Le Secrétaire, ____

Le Secrétaire-adjoint, ________________________________

Le Trésorier, ____

Les Commissaires exécutifs, ____________________________

Nommé le ————————————————————————————

à ———————————— le ———————————————— 187 —

remercié le ——————————————————————————

ayant rempli ses fonctions avec honneur et probité.

Le Président, ————————————————————————

Le Secrétaire, ———————————————————————

Le Secrétaire-adjoint, ————————————————

Le Trésorier, ——————————————————————

Les Commisaires exécutifs, ————————————

————————————————————————————————

————————————————————————————————

Nommé le ——————————————————————————

à ———————————— le ———————————————— 187 —

remercié le ——————————————————————————

ayant rempli ses fonctions avec honneur et probité.

Le Président, ————————————————————————

Le Secrétaire, ———————————————————————

Le Secrétaire-adjoint, ————————————————

Le Trésorier, ——————————————————————

Les Commissaires exécutifs, ————————————

COTISATION MENSUELLE	COTISATIONS POUR LA CAISSE DE SECOURS

COTISATION MENSUELLE | **COTISATION**
POUR LA CAISSE DE SECOURS

COTISATION MENSUELLE | **COTISATION**
POUR LA CAISSE DE SECOURS

COTISATION MENSUELLE | COTISATION
POUR LA CAISSE DE SECOURS

COTISATION MENSUELLE | **COTISATION**
POUR LA CAISSE DE SECOURS

COTISATION MENSUELLE | **COTISATION**
POUR LA CAISSE DE SECOURS

<table>
<tr><td>COTISATION MENSUELLE</td><td>COTISATION
POUR LA CAISSE DE SECOURS</td></tr>
</table>